LE MAL ET LE BIEN

EXTRAIT DE LA REVUE DE L'ANJOU

Ernest FALIGAN

LE MAL ET LE BIEN

PAR

M. Eugène LOUDUN

ANGERS

IMPRIMERIE-LIBRAIRIE GERMAIN ET G. GRASSIN

RUE SAINT-LAUD

1884

LE MAL ET LE BIEN

PAR

M. Eugène LOUDUN [1]

I

On peut démontrer de bien des manières la divinité de la religion chrétienne et son incontestable supériorité sur les institutions purement humaines. Ces preuves, quel que soit l'ordre de faits ou d'idées auquel on les emprunte, sont toutes également irréfutables, mais elles ne sont pas toutes douées de la même force de persuasion. Il en est, celles d'ordre métaphysique, par exemple, qui, sur nombre d'esprits, glissent sans laisser de traces, n'étant pas comprises de quelques-uns, et n'éveillant pas chez la plupart des impressions assez fortes ni surtout assez familières pour être durables. D'autres, au contraire, sont douées d'une puissance de pénétration surprenante, et trouvent presque infailliblement le chemin des intelligences et des cœurs. Une sorte de charme victorieux semble leur aplanir la route. Telles sont, en première ligne, les preuves histo-riques : non pas seulement celles tirées de l'histoire de

---

[1] Société générale de librairie catholique, Paris, Victor PALMÉ ; Bruxelles, J. ALBANEL, 5 vol. in-8°.

l'Église, mais celles plus générales qu'on puise dans une étude approfondie des destinées de la race humaine, en montrant ce que l'homme devient lorsqu'il a ses seules forces pour appui, et quelle transformation merveilleuse s'opère en lui, le jour où la grâce le relève et l'éclaire. Ces preuves, basées non pas seulement sur le témoignage toujours contestable des hommes, mais sur un ensemble de faits irrécusables, car ces faits ont persisté jusqu'à nous, empreints dans les institutions, les monuments et les mœurs, — ces preuves s'adressent à la fois au cœur, à l'esprit et aux sens. Par tous les chemins à la fois elles font irruption dans l'âme humaine et l'enlacent de mille liens subtils et forts, dont elles ne peut plus ensuite se dégager. Elles ont, quand une main habile les rassemble et en coordonne le faisceau, cette éblouissante clarté du soleil dont les aveugles eux-mêmes sentent le lumineux contact.

Lorsqu'il a conçu le plan de son grand ouvrage sur *le Mal et le Bien*, qui est une éclatante démonstration de la nécessité de la religion chrétienne, M. Eugène Loudun a donc fait preuve d'une connaissance profonde du sujet en allant chercher ses principaux arguments dans les faits historiques, et en continuant de les puiser dans ce domaine, même pour les chapitres de métaphysique et de morale. Il s'assurait en outre d'un puissant élément de succès. Les ouvrages exécutés sur ce plan ne sont pas seulement les plus recherchés, mais les seuls qui soient lus de la grande masse du public, de celle précisément qui se laisse le plus facilement entraîner par le doute et le mensonge, et à laquelle ces défenses de la religion chrétienne sont tout spécialement nécessaires. Ils ont aidé puissamment à ce grand réveil de la foi qui sera l'un des caractères les plus saillants de la dernière moitié du XIXᵉ siècle.

M. Eugène Loudun a été plus heureusement inspiré encore dans le choix de ses arguments, et dans la méthode

qu'il a suivie pour les classer et les mettre en relief. Les
faits pouvant servir à la constatation de cet ordre de vérités
sont innombrables, et la preuve historique de la divinité
de la religion peut être fournie de bien des manières et
présentée sous les formes les plus différentes. Après tant
d'ouvrages consacrés à l'établir, nombre de choses impor-
tantes restent encore à dire, et le sujet, en quelque sorte
inépuisable, se renouvelle et s'enrichit sans cesse.

Il importait donc de discerner, dans ce nombre prodigieux de matériaux, ceux qui pouvaient être le plus utile-
ment employés, de dégager du chaos des événements et
de leur partie contingente et périssable les grandes lois
providentielles qui président à leur développement, et les
faits véritablement spécifiques de chaque époque. Il était
nécessaire aussi de choisir, dans le champ si vaste de
l'histoire, les périodes les plus démonstratives, et les
peuples chez lesquels ces signes de l'action divine s'étaient
manifestés avec le plus de force et d'éclat. De ce double
choix devait dépendre en grande partie la valeur du livre,
et surtout son efficacité. Dans de pareilles œuvres, il ne
suffit pas de voir juste ni même de revêtir sa pensée des
couleurs du style et du charme de l'éloquence; il faut
avant tout démêler, entre les vérités qu'on veut répandre,
celles qui sont capables d'émouvoir l'esprit du lecteur et
composer le cortège des preuves dont on les entoure de
faits qui soient de nature à frapper fortement et à per-
suader. Il faut, pour employer une comparaison qui rend
bien notre pensée, adapter son tableau à l'œil du spectateur,
et saisir le point exact auquel on doit le placer pour qu'il
produise tout son effet.

Un des principaux mérites de M. Eugène Loudun, celui
de tous peut-être qui contribue le plus au succès de son
livre, est d'avoir compris cette nécessité et d'avoir tenu
compte de toutes ses exigences. Il a très bien senti que
pour notre époque positive, dont l'esprit critique sera

peut-être la qualité maîtresse, nulle démonstration ne pouvait être plus frappante que celle tirée des grands intérêts sociaux auxquels sont subordonnées toutes les existences individuelles. Dégageant avec un rare bonheur la pensée dominante de cet ordre de considérations, la condensant dans une formule nette et brève, il a montré que toutes les sociétés humaines ayant jusqu'à ce jour existé, se divisent, suivant qu'elles furent ou non vivifiées par la foi chrétienne, en deux catégories dont chacune se distingue par un certain nombre de caractères toujours les mêmes, quelle que soit d'ailleurs la diversité des races, des temps et des lieux. Puis, voulant rendre le parallèle plus saisissant, et bien établir que cette différence ne provient point de causes humaines plus ou moins accidentelles, mais de la présence ou de l'absence du souffle divin de la grâce, il a comparé, sur le même point du globe, des peuples de même race, païens d'abord, puis chrétiens. En face de l'antiquité grecque et romaine, il place l'Europe du moyen âge, si profondément catholique, et du contraste il tire l'enseignement.

Ce fait si capital, qui domine toute l'histoire de l'humanité, n'avait sans doute échappé ni aux annalistes, ni aux philosophes. Ils en avaient tous reconnu l'importance et ils l'avaient signalé avec plus ou moins de force. Mais aucun peut-être n'avait suffisamment insisté sur ce qu'il a d'essentiel et de fondamental ; aucun tout au moins n'en avait fait, comme M. Loudun, la base même et le point de départ de la philosophie de l'histoire, et n'avait avec son aide puissante, si bien pénétré l'esprit, et l'on pourrait dire l'âme même des sociétés anciennes et modernes. Cette loi supérieure, M. Eugène Loudun l'a véritablement faite sienne par la manière dont il l'a mise en lumière, par le parti qu'il en a su tirer, et par l'abondance surprenante de preuves dont il l'accompagne. Il a su la rendre en quelque sorte inséparable de son livre *Du Mal et du Bien*, et désormais on pourra difficilement l'invoquer, sans rappeler avec quelle force et quelle éloquence elle se trouve développée dans cet ouvrage.

On connaît le plan du livre. Il a la simplicité forte et lumineuse des conceptions marquées du cachet de la vérité, et l'on peut sans peine l'exposer en quelques lignes.

Dans la première partie, consacrée à l'antiquité, M. Eugène Loudun montre comment l'homme ayant perdu, avec la notion du vrai Dieu, celle de toutes les vérités supérieures, et ne pouvant plus asseoir sa morale individuelle et sociale que sur la base fragile et dangereuse de l'intérêt, tombe dans tous les excès et tous les vices, finit par se ravaler au niveau de la brute.

Dans la deuxième partie, il nous fait assister à la transformation du monde par la parole divine du Christ. L'homme, renouvelé, détache ses yeux de la terre pour les lever vers le ciel. Il a conscience désormais de sa destinée ; il est entré dans les voies de la vérité, et par l'édification de la cité chrétienne sur la terre, il marche d'un pas vaillant et ferme à la conquête du ciel, sa patrie véritable.

Dans la troisième enfin, l'homme moderne nous apparaît dévoyé, matérialisé, retombé des sphères célestes de la foi dans les horizons bornés de la terre, et, par cette prétendue route du progrès, qui n'est en réalité que celle de la révolte, aboutissant d'une manière fatale aux mêmes abominations que la Grèce et Rome.

Le panthéisme moderne, pour résumer d'un mot cette tendance déjà vieille de trois siècles, nous ramène en effet sensiblement au Paganisme antique. Il s'apprête à en renouveler, sous nos yeux, les avilissements et les désordres, et il faudrait être bien aveugle ou bien naïf pour s'en étonner. Qu'est-ce en effet que le panthéisme quand on descend au fond de sa doctrine, sinon un matérialisme honteux, cherchant à voiler sous l'apparence grandiose de formules vagues et vides la bassesse de ses tendances et l'audace de ses négations. Il ne nie point Dieu, sans doute, mais il fait pis, il l'annihile en le confondant avec la création et en l'y enfermant si bien que nulle part il n'apparaît comme un principe distinct. Il ne nie point l'âme ; mais il en fait une simple émanation du principe général des choses, et la prive par là, sinon de toute individualité, du moins de son caractère d'immortalité, le plus noble de tous, puisque, parcelle un instant détachée de l'âme universelle du monde et destinée bientôt à s'y confondre de nouveau, elle n'a, comme être distinct, qu'une existence éphémère. S'il ne conteste point absolument la liberté morale de l'homme, encore moins l'affirme-t-il, et dans le fait, alors même qu'il l'admettrait, ne serait-elle pas dérisoire, cette indépendance d'une monade en face des forces aveugles de la nature, dont le moindre mouvement suffit à l'écraser ? Privée de tout secours et de tout appui, destinée bientôt à rentrer comme une molécule inconsciente dans l'éternel tourbillon des éléments, quelle lutte pourrait-elle entreprendre contre cette puissance formidable de la nature ? Comment surtout pourrait-elle parvenir à la vaincre et à la dominer ?

Aussi le panthéisme ne conseille-t-il point à l'homme de s'élever au-dessus de la nature, et de tendre, d'un essor persévérant, vers les sphères lumineuses du monde surnaturel. Il l'engage à borner sagement ses aspirations aux biens certains et saisissables de la terre. Au-dessus de sa tête, il étend, comme une voûte impénétrable, les nuages du doute et de la négation ; à ses pieds, il attache le lourd boulet de la matière, et il le ramène, forçat lamentable, au bagne des sens, pour qu'il s'y vautre dans la fange du plaisir et du vice. Pour tout dire en un mot, il en refait un païen, et des trois parties du grand ouvrage de M. Eugène Loudun, la plus intéressante peut-être est celle où, par des preuves irréfutables, il nous fait toucher du doigt, pour ainsi dire, cette métamorphose et cette inévitable, et parfois même inconsciente dégradation de l'homme moderne, lorsqu'il renie la foi de ses pères et le Sauveur de son âme.

II

Dans la première partie, M. Eugène Loudun étudie le Paganisme antique. Bien qu'il en ait admirablement pénétré l'esprit, et qu'il en fasse revivre la physionomie avec autant de force que de vérité, nous ne rappellerons de ce saisissant tableau du monde grec et romain que les traits les plus saillants, ceux surtout qui sont nécessaires à l'intelligence de la deuxième partie.

Un fait capital en domine l'ensemble : l'existence d'une révélation primitive qui précède, et dans une certaine mesure prépare la révélation du Christ. Dieu, quand il a créé l'homme, ne l'a point jeté sans guide et sans appui sur la terre. Il lui a révélé, de l'éternelle vérité, toutes les notions indispensables à l'accomplissement de sa mission ici-bas. Si l'homme en a plus tard presque entièrement perdu l'intuition, c'est que sa chute d'abord, puis ses passions, ont effacé dans son âme le souvenir de sa divine origine. Mais telle est la splendeur du vrai que les nuages les plus épais ne peuvent complètement le voiler. Jusque dans les chûtes les plus profondes, l'homme est visité de ses lueurs, et alors, dans son âme soudainement illuminée, il se fait des réveils de conscience, et bien des notions depuis longtemps oubliées surgissent soudain, comme ranimées par ses vivifiants rayons. Ce sont des avertissements, des moyens de salut que lui réserve encore la miséricorde de Dieu.

Ce fait était connu sans doute, mais les théologiens seuls en tenaient suffisamment compte. Ni les philosophes, ni les historiens ne lui accordaient, dans leurs théories, l'importance qu'il mérite, et surtout ne l'avaient assez présent à l'esprit. Il est cependant capital à deux points de vue. Il établit d'une façon péremptoire que Dieu, de tout temps, a prodigué ses grâces à ses créatures, et que si l'homme est tombé dans les fanges de la débauche, s'il a roulé dans les abimes du mal, il en faut uniquement accuser la violence de ses passions et de ses vices. Il répond à l'opinion des philosophes qui reconnaissent à l'esprit humain la faculté de s'élever, avec l'aide de ses seules forces, à la connaissance des plus hautes vérités morales, en montrant que ces vérités, dont on découvre en effet mainte trace dans les œuvres des écrivains antiques, sont la plupart du temps des débris encore subsistants de la tradition primitive, et non le produit de spéculations individuelles. M. Eugène Loudun le prouve d'une façon irréfutable en établissant que ces vérités ne sont pas seulement religieuses et morales, mais aussi d'ordre physique, et qu'il se trouve dans le nombre, dès l'origine, des notions générales que la science ne pouvait alors pressentir, et à la possession desquelles elle est seulement parvenue dans l'ère moderne.

A l'aide de cette vérité, dont sa critique s'arme comme d'un flambeau, M. Eugène Loudun suit l'homme dans sa marche à travers les âges. Il nous le fait voir, à mesure que ces notions révélées, ces traditions s'obscurcissent et s'oublient, s'éloignant davantage des sentiers du devoir et de la vertu, tombant enfin dans l'effroyable anarchie sociale et morale où toutes les sociétés antiques périssent dès que, sorties de la période de lutte et de formation, elles ne sont plus maintenues dans les bornes du devoir par le frein inflexible de la nécessité. Puis il contraint l'orgueil de l'homme à s'avouer sa propre indignité, à reconnaître que, sans le secours de la grâce, sa marche, même aux époques les plus brillantes de l'histoire, n'est qu'une suite ininterrompue de faux pas et de chutes. Il arrive à une

division fondamentale : il partage l'histoire de l'humanité
en deux grandes périodes que le fait surnaturel de la venue
du Christ limite et distingue.

De ces deux époques, la première est reconnaissable à ce
caractère que l'homme, oublieux de sa divine origine,
bientôt enivré par ses passions, tombe au dernier degré de
la démence et de la perversité. Il perd jusqu'au sens moral.
Du mal il fait le bien ; il érige ses pires pratiques en principes de conduite ; il les enseigne comme le dernier mot
de la sagesse, et il adore ses vices et ses crimes divinisés
dans les temples dont il a chassé son Seigneur et son
Dieu.

Dans la seconde époque, l'homme sans doute n'échappe
point aux imperfections de sa nature. Mais le Christ l'a
racheté de sa faute originelle ; les horizons de son existence se sont élargis ; il sait qu'au-delà de cette vie il en
existe une autre. Éclairé par la divine lumière de l'Évangile, il a désormais une perception nette et précise de la
loi morale. Lorsqu'il l'enfreint, ce n'est point comme
autrefois par ignorance ou par aveuglement, parce que du
mal il a fait le bien, mais par faiblesse ou par entraînement,
et, pour se relever de ses chutes, la voie du repentir lui
reste du moins toujours ouverte.

Dans les ténèbres du paganisme, l'homme antique avait
perdu presque entièrement la notion de l'âme et de la
conscience ; l'homme moderne l'a retrouvée dans la sphère
radieuse et surnaturelle de la foi chrétienne.

Cette démonstration est saisissante. La méthode logique
de M. Loudun rappelle celle de M. Taine dans ses meilleurs
ouvrages, notamment dans ses *Études sur la Révolution
française*. Il argumente peu, encore moins déclame-t-il.
Il est sobre même de ces considérations générales où se
complaît l'esprit français, parce qu'elles sont un thème
excellent pour l'éloquence et le beau style, — mais qui
précisément pour ce motif se perdent si facilement dans

les nuages ou échouent dans la banalité. Non que les
vues d'ensemble fassent défaut dans son livre ; elles abon-
dent, au contraire, Mais, bien qu'elles soient de l'ordre
philosophique le plus élevé, elles ont la simplicité des
théories nettement conçues et longuement méditées ; elles
en ont aussi la ferme concision.

Quelques pages au début du volume, puis quelques
lignes en tête de chaque chapitre suffisent à les résumer ;
et quand une fois il les a exposées, M. Loudun, pour les
démontrer, recourt, non pas à la logique, mais à l'histoire.
A l'appui de chacune de ses assertions il apporte des faits,
puis encore, puis toujours des faits : ces faits, il les range
et les ordonne ; et comme un général dans une bataille, il
les pousse sur le point qu'il veut emporter, les y lance les
uns après les autres jusqu'à ce qu'il ait dissipé tous les
doutes, toutes les objections, toutes les erreurs ; ou bien,
de leur rapprochement et de leur choc, il fait jaillir à flots
la lumière de l'évidence. Les esprits les plus réfractaires à
certaines vérités ne sauraient résister langtemps à pareil
assaut, lorsque l'attaque est bien conduite. Il faut de toute
nécessité qu'ils se rendent ou se dérobent, et la retraite
alors a la valeur d'une défaite et d'un aveu.

La méthode, à première vue, paraît simple et facile. Elle
est en réalité la plus difficile de toutes et la plus dangereuse. Les faits qui devraient être le fonds même et la
monnaie courante des livres y sont le plus souvent très
clairsemés, quelquefois même ils y font complètement défaut.
Pour en réunir, sur un même sujet, un certain nombre qui
soient vraiment significatifs, il faut lire ou feuilleter bien
des volumes. Pour en faire une abondante provision,
surtout en de pareilles matières, il faut être à la fois un
érudit et un savant ; et quand on les a réunis, la tâche est
loin d'être achevée. Il reste encore à les ranger dans l'ordre
le plus logique et le plus saisissant, et surtout à les distri-
buer de telle sorte que l'attaque porte sur tous les points

vulnérables, et nulle part ne laisse debout une seule objection. Dans une pareille façon de procéder, en effet, l'indigence n'est pas excusable. Quand on se tait ou qu'on reste court, faute de preuves, on se condamne soi-même, car en histoire comme en science, les faits encore bien moins que les arguments, doivent manquer à qui possède la vérité. Il suffit de les chercher pour les découvrir.

Ce reproche d'insuffisance ne saurait être adressé au livre de M. Loudun. On lui pourrait opposer bien plutôt l'objection contraire, tant il renferme une riche moisson de preuves. Cette objection, nous l'avons même entendu formuler par quelques personnes qui semblaient craindre que cette façon de mettre en relief certains traits du caractère religieux ou moral des peuples ne les accentuât outre mesure, n'en exagérât au moins la signification. On se demandait encore si cette démonstration en quelque sorte unilatérale qui se proposait surtout pour fin de faire saillir le mal dans les sociétés païennes, le bien dans les chrétiennes, de les mettre en pleine lumière, ne laissait pas trop dans l'ombre les côtés opposés, et s'il n'en résultait pas pour le livre un défaut de mesure et d'équilibre.

Ce sont là des craintes plus spécieuses que fondées. On ne peut établir qu'un peuple, sur un point déterminé de sa religion ou de sa morale, éprouve des défaillances sans entrer dans un examen préalable de son histoire et de ses doctrines, examen où l'on tient compte aussi des côtés justes et vrais, des parties dignes d'éloges, et c'est ce que M. Eugène Loudun n'a pas manqué de faire. Le mal qu'il signale est si redoutable, le péril si menaçant qu'il n'est guère possible de l'exagérer, du reste, et fût-il tombé dans cet excès, il faudrait l'en féliciter plus que l'en blâmer, surtout si cette exagération pouvait enfin porter la lumière dans les esprits aveuglés, et bien mettre en évidence les abîmes auxquels nous marchons et les catastrophes qui nous attendent.

Ces traits dominants des sociétés païennes, M. Eugène Loudun les a cherchés successivement dans la religion, dans la morale, dans l'organisation sociale et dans les mœurs, et à mesure qu'il les dégageait, ils sont venu confirmer le portrait qu'il avait tracé dans sa préface ; ils l'ont reproduit avec une invariable, une étonnante fidélité.

L'antiquité, sans doute, avait reçu de la tradition, sur l'existence de Dieu et sur l'immortalité de l'âme, des notions suffisantes pour la guider sur cette terre et lui révéler la destinée véritable de l'homme. Mais ces idées s'étaient bien vite altérées ; elles étaient devenues fausses pour le peuple, pour les philosophes incertaines, et le premier se créant des dieux à son image, était tombé dans l'idolâtrie, tandis que les seconds, confondant le Créateur et la création, se débattaient, sans pouvoir en sortir, dans la désespérante conception du panthéisme.

L'âme, de même, avait été matérialisée. Aux yeux des philosophes les plus spiritualistes, tels que Socrate, Platon et Cicéron, elle n'avait point d'existence indépendante et propre, elle n'était pas une substance d'une nature particulière, mais une partie intégrante, une forme du corps qu'elle avait jadis animé. Pour les anciens, d'ailleurs, ces vérités n'avaient pas la consolante certitude d'une foi révélée ; elles demeuraient à l'état de souvenirs et d'impressions vagues, ou de simples spéculations de l'esprit, et dans les grandes crises de l'existence morale, elles ne pouvaient apporter ni secours ni réconfort.

Privées de la croyance en une autre vie où l'homme reçoit la récompense et le châtiment de ses actes terrestres, et par suite de tous les principes supérieurs qui sont la base et le fondement des sociétés, les nations païennes, pour étayer leur édifice politique, n'ont que le sol fragile et mouvant de l'intérêt, qui sans cesse fléchit ou s'effondre sous leurs constructions mal équilibrées. Aussi les voit-on, soit qu'elles se passionnent pour l'égalité, comme la

Grèce, soit qu'elles se proposent pour fin principale,
comme à Rome, la liberté de l'individu, s'épuiser en vains
efforts pour réaliser leur idéal, osciller sans cesse d'un
extrême à l'autre. Pour échapper aux désordres de la
démagogie qui les ruinent en les épuisant d'or et de sang,
elles n'ont d'autre refuge que le despotisme dont la main
de fer alors les écrase, les broie, et les rend presque aussi
misérables. L'histoire du monde antique est la nôtre
depuis 89, mais sans les atténuations, les adoucissements
apportés à nos révolutions par ce qui subsiste encore du
christianisme dans notre société malade et dévoyée. Les
mêmes causes ont produit les mêmes effets.

Le mariage, où le christianisme n'a point encore introduit
la chasteté, c'est-à-dire l'amour et la dignité, où surtout il
n'a point rétabli l'égalité des deux époux, le mariage à vrai
dire n'existe point. Ce qui persiste de la famille, ne
mérite sous aucun rapport de porter ce nom sacré. La promiscuité, la débauche et la violence partout l'avilissent et
la dissolvent. La femme, toujours esclave, n'est qu'un
instrument de plaisir ou bien une machine à faire des
enfants. On l'enferme, on la troque, on la répudie sans
aucun souci de ses droits naturels et de sa dignité. On
subit le mariage ; on ne l'aime pas, et les plus grands
philosophes le regardent comme une nécessité fâcheuse
dont il faudrait se garder si l'on n'était contraint de
l'accepter par l'obligation de perpétuer sa race.

Enfin, comme dans le monde antique on ignore ou du
moins on ne se souvient plus que tous les hommes sont
frères, étant enfants du même Dieu, la guerre est l'état
normal des sociétés entre elles. On n'en connaît point
d'autres, et si la paix règne quelquefois, c'est une paix
boiteuse, défiante, armée jusqu'aux dents, que l'intérêt
impose, mais que de part et d'autre on se propose bien de
rompre à la première occasion favorable. Étranger veut
dire ennemi, et quand on ne prend pas la vie du prisonnier

de guerre, on le tue moralement en le faisant esclave. L'esclavage, dans toute les sociétés antiques, est considéré comme légitime. Il en est un rouage normal; il est si profondément entré dans la constitution du plus grand nombre que, sans son aide, elles ne pourraient subsister; et comme toute violation des lois divines porte avec elle son châtiment, il en est plus que la honte, — l'incurable plaie. Il ne constitue pas seulement un danger permanent que les sociétés les plus fortement assises ont souvent peine à conjurer; il altère, il corrompt la famille et les rapports sociaux. De tous les principes dissolvants qui travaillent l'État, il est peut-être le plus actif et le plus redoutable.

Rien n'est plus navrant, mais aussi rien n'est plus instructif que cette peinture du monde païen dont tous les traits, toutes les couleurs ont été fournies par des témoins pris dans son sein : par ses philosophes, ses moralistes et ses historiens les plus éminents. L'impression est si forte qu'à la fin on éprouve un sentiment d'oppression pénible et d'angoisse. On respire mal dans cette caverne impure et sanglante où l'on est comme écrasé par la voûte étroite et basse de la fatalité. On attend, on appelle avec une sorte d'impatience la venue de plus nobles croyances et de sentiments plus généreux, c'est-à-dire la venue du Christ, et l'on éprouve un véritable soulagement à pénétrer enfin dans la vivifiante et lumineuse atmosphère du monde chrétien et à reposer son regard sur de plus vastes et plus purs horizons.

III

Ce monde chrétien, où M. Eugène Loudun va-t-il en
chercher le modèle? Sera-ce dans les temps modernes? Non,
mais dans l'époque historique improprement appelée le
moyen âge ; et ce choix seul suffirait à montrer combien il
possède une connaissance profonde, non pas seulement des
faits de l'histoire, mais de ses lois générales et de sa philosophie. Le moyen âge en effet ne fut point une transition,
mais une époque indépendante, complète, ayant eu sa jeunesse, sa maturité, sa décadence. Il est, de toutes les formes
sociales revêtues par l'humanité, l'une des plus nobles et
des plus hautes, car son caractère propre, sa véritable
originalité fut précisément d'être une société chrétienne et
de le savoir.

Aussi jamais autant que pendant cette période si longtemps méconnue de son histoire, l'humanité n'eut-elle en
Europe une vue plus lucide ni plus juste de sa véritable
mission. Nulle illusion chimérique ne la tourmente et n'use
ses forces en de vaines ou coupables entreprises. Tous ses
efforts tendent vers des fins certaines : sa propre existence
en ce monde et le salut des âmes en l'autre ; et tandis que
dans son sein les nationalités se forment lentement et
péniblement avec les débris pulvérisés du monde païen
et les éléments nouveaux apportés par les invasions
barbares, elle dirige le trop plein de ses forces sur le
monde musulman, non pour l'asservir, mais pour
repousser ses menaçantes attaques, et, s'il est possible, pour le ramener à la foi chrétienne ; elle fait les
croisades, la plus belle et la plus puissante entreprise de

l'ère moderne, la plus utile aussi, car elle eut pour mobile
essentiel la gloire de la religion et le salut des âmes, et en
forçant le croissant à reculer devant la croix, elle sauva
l'Europe d'une nouvelle invasion de barbares. Enfin, fait
qu'on n'a pas jusqu'à présent assez mis en lumière, elle
déploie pour arriver à ses fins, une énergie, une persévérance véritablement merveilleuse, surtout quand on
songe aux moyens imparfaits dont elle dispose; elle
trouve, quand il s'agit de son Dieu, des ressources en
quelque sorte inépuisables; elle possède une sève étonnante
de vie et une force d'expansion qu'elle n'a plus manifestée
depuis lors.

Le monde moderne renferme sans doute de grandes
époques, où l'humanité se présente sous de beaux aspects et
de nobles perspectives. Le siècle de Louis XIV, entre autres,
fut, sous bien des rapports, admirable. Mais il n'eut point
l'unité de vie et de pensée du moyen âge. Deux principes
déjà se trouvaient en présence et, sur nombre de points,
secrètement en lutte. La Renaissance et la Réforme, non
pas en ressuscitant le monde païen, comme on l'a dit; il
ne fut jamais complètement oublié; les moines le connais-
saient et ils l'étudiaient dans leurs couvents; mais en le
vulgarisant sans mesure et sans contrôle, en le livrant à
l'admiration aveugle des foules, bientôt séduites par sa
fausse grandeur et par le charme dangereux de ses arts
plastiques; — la Renaissance et la Réforme avaient adultéré
la constitution si profondément chrétienne du moyen âge;
elles y avaient introduit des principes de dissolution dont
les ravages n'ont fait depuis lors que grandir, et dont la
société moderne périra si leurs progrès ne sont pas arrêtés.
Le mal, au XVIIe siècle, était déjà profond. Le paganisme avait
envahi les arts et la littérature; la vie intellectuelle tout
entière était imprégnée de son esprit, trop souvent aussi la
morale. Des mœurs, il passait de plus en plus dans les lois,
où la fausse science des légistes tendait depuis des siècles

à l'introduire, et le temps approchait où le domaine encore intact de la foi allait être en butte à ses attaques acharnées.

Aussi le sentiment qui domine alors et guide la société n'est-il plus seulement l'amour, comme au moyen âge. Il y faut joindre désormais l'honneur, ce sentiment complexe et mal défini que l'antiquité n'a point connu, et qui n'y pouvait prendre naissance, car, dans ce qu'il a de juste et de respectable, il est d'origine chrétienne. Il est formé des derniers restes de dignité et de vertu qui subsistent dans une âme n'ayant plus la foi, mais l'ayant reçue jadis, et encore trop profondément imprégnée de ses lumières et de ses grâces pour tomber dans les débordements et les turpitudes du monde antique.

Mais, sur ce fondement fragile, une société ne saurait longtemps subsister. L'homme se dégage bientôt de ce dernier préjugé ; il s'en délivre, comme il s'est dépouillé déjà de la croyance de ses pères et de la tradition chrétienne. Il croit définitivement s'affranchir en 1789. Mais en ne s'arrêtant pas aux réformes devenues nécessaires et légitimes, en faisant contre le christianisme encore plus que contre la société, une révolution marquée d'un caractère inouï de violence, il retombe dans l'antique esclavage. En prenant les idées des païens, il en a pris, à son insu, les sentiments et les passions. L'égoïsme, la haine désormais règnent en maîtres dans son cœur, et dans le monde. Comme le chien dont parle l'Écriture, il est retourné à son vomissement.

Combien la société du moyen âge nous apparaît différente aujourd'hui qu'une science impartiale la découvre en quelque sorte et la fait revivre sous ses traits réels, en la dégageant de la couche épaisse de mensonges et de calomnies sous lesquelles la Réforme, la philosophie du XVIIIe siècle et la Révolution avaient essayé de l'ensevelir.

C'est une véritable exhumation, que M. Eugène Loudun compare avec raison à celle de Pompéi, car le monde qu'elle nous révèle nous était devenu bien plus étranger que la Grèce et Rome.

Qui se doutait, il y a cinquante ans, que le monde du moyen âge avait pour caractère essentiel d'être une société formée par l'église, dirigée par la religion, animée d'un fervent esprit de paix et de charité, et proposant pour fin principale à son activité terrestre, la possession de Dieu dans la vie éternelle? Qui savait que, sous sa rude écorce, cette société était moralement bien supérieure au monde moderne, douée surtout d'une vitalité bien autrement durable et féconde? Avec un parti pris dont la mauvaise foi se déguisait sous un dédain affecté, la plupart des historiens, s'arrêtant à certaines apparences tout extérieures, les grossissant à dessein, en avaient fait le type de la barbarie, de la violence et de l'anarchie.

Non plus que les autres époques de l'humanité, le moyen âge ne fut sans doute exempt de crimes et d'iniquités. Mais du moins le mal n'y prenait pas le masque du bien comme dans l'antiquité et de nos jours. L'homme n'était pas descendu à ce degré d'aveuglement et de perversité de justifier sa chute en divinisant sa faute, en la décorant des noms menteurs de justice et de vertu. Précisément parce qu'il avait conscience de sa chute et se l'avouait, la porte demeurait chez lui toujours ouverte aux remords, aux repentir; l'église l'invitait continuellement à se purifier, à se régénérer par la pénitence; elle lui tendait jusqu'à sa dernière heure une main compatissante. D'ailleurs, ainsi que le fait très justement remarquer M. Eugène Loudun, « les actes violents et injustes qu'on rencontre dans le moyen âge, n'appartiennent pas au christianisme: les massacres, les persécutions sont le fait d'hommes barbares, sauvages, brigands et tyrans, qui poursuivaient le but de leurs passions et de leur ambition, non le bien de la religion, païens nés dans le Christianisme, mais restés étrangers au Christianisme, à sa lettre et à son esprit [1]. »

Ces païens, le Christianisme, à son origine, ne les rencontre pas seulement chez les Romains de la décadence ou parmi les Grecs dégénérés de Byzance et du bas empire. Les barbares qui devaient si puissamment l'aider dans son œuvre en achevant la dissolution de l'ancien monde, n'étaient pas, sous beaucoup de rapports, moins réfractaires à ses enseignements. Ce furent des auxiliaires sans doute, mais des auxiliaires fougueux, indisciplinés, et, même après leur conversion, jusque dans leurs plus vifs élans de ferveur, esclaves à un inconcevable degré de la nature et des sens.

On ne peut s'imaginer ce qu'il fallut à l'Église de temps, de soins, de patience, de douceur et de fermeté pour greffer ce sauvageon rebelle à toute culture sur le tronc décrépit de l'empire romain. A chaque instant, il s'échappait des liens dans lesquels elle essayait de l'enfermer et de l'assouplir, ou poussait des branches folles qui troublaient l'harmonie sociale, et qu'il fallait élaguer où redresser. Et ce n'était pas tout. A cet esprit d'insubordination, les barbares joignaient des passions et des vices désordonnés. La corruption savante de l'ancien monde leur était sans doute inconnue; ils n'étaient pas comme lui pourris et gangrenés. Mais leur sang vif et généreux leur montait sans cesse à la tête et les enivrait. Leurs instincts grossiers, qu'ils ne savaient ou ne pouvaient réfréner, se déchaînaient alors avec une violence inouïe. Lubriques et cupides, ils se ruaient sur toutes les proies, sur toutes les jouissances avec un emportement furieux; ils brisaient alors tous les obstacles qui se dressaient devant leurs pas impatients avec une impitoyable et révoltante férocité.

Ils ne résistaient point sans doute ouvertement à l'Église.

[1] Tome II. pp. 5-6.

Mais la matière reprenait sans cesse le dessus et s'échappait en folles équipées ou les entraînait à d'abominables crimes. Il fallut près de mille ans pour les dompter et les rompre à la discipline, et l'Église ne vint à bout des chefs qu'en se servant, avec une inexorable rigueur, de l'arme si redoutée de l'excommunication.

Elle eut à se défendre elle-même contre leurs empiétements. A chaque instant, ils envahissaient les bénéfices, les couvents, les évêchés même, non de vive force, mais pacifiquement, en se faisant abbés, moines, princes de l'Église ; et, dans ces pieuses retraites, dans ces dignités sacrées, ils portaient leur ignorance, leur avidité, leurs vues. Si l'Église les eût laissé faire, si elle n'eût pas réagi de toutes ses forces contre ces usurpations sacrilèges, ils l'eussent en quelques siècles ravalée à leur niveau, corrompue, détruite. Ce sont leurs débordements qui marquent certaines périodes du moyen âge d'un effroyable cachet de cruauté, et qui lui donnent ce caractère extérieur de brutalité violente et de grossièreté qui, si longtemps, a trompé les historiens sur la signification véritable de cette époque. Sous ces effervescences de races neuves et déchaînées, on ne savait pas discerner les qualités natives : le courage, la sincérité, la noblesse, le dévouement, tous ces dons de l'âme et du cœur qui les animaient d'une indestructible vitalité.

Nulle puissance humaine n'eût pu cependant les soumettre à son gouvernement, et pour fondre en un seul et même peuple, dans les différentes contrées de l'Europe, ces éléments barbares d'une vie si exubérante avec les restes exsangues, les débris atones du monde antique, pour faire sortir de cette fusion la société chrétienne, c'est-à-dire la société qui réalise le plus parfaitement l'idéal de l'organisation terrestre de l'humanité, il a fallu la divine action de l'Église. C'est l'un de ses plus grands miracles et l'une des preuves les plus éclatantes de son origine surnaturelle.

Un seul principe pouvait venir à bout de ces résistances contre lesquelles se fussent brisées toutes les rigueurs de la répression, principe, non de violence, mais de douceur ; et ce fut cette loi divine de l'amour que le Christ a révélée à la terre et par laquelle s'est opérée la transformation morale du monde. L'humanité ne l'avait jusqu'alors jamais connue ; elle n'en avait eu du moins que de vagues et d'impuissantes lueurs, et M. Eugène Loudun le démontre avec une abondance de preuves qui réduisent à néant toutes les assertions contraires des ennemis du christianisme. Un monde nouveau commence, qui, n'ayant point ses racines sur la terre, mais dans le ciel, n'a pas de précurseurs dans le passé, ni d'ancêtres. De la loi divine apportée par le Christ découlent des vertus nouvelles, ignorées du paganisme : l'amour de Dieu, l'amour des hommes les uns pour les autres. L'être humain n'étant point, comme on le croyait auparavant, le produit accidentel ou fatal de forces surnaturelles, inconscientes, mais la créature d'un Dieu qui l'a doué d'une âme en le formant à son image, possède désormais, avec une patrie céleste qui n'est autre que le royaume de son Créateur, l'immortalité nécessaire à la vie que sa destinée est d'y mener un jour. Il connaît la fin de son existence qui doit être la conquête de ce séjour des Bienheureux ; il goûte désormais cette paix du cœur que donne la possession de la vérité et que ne connut jamais l'antiquité, sans cesse tourmentée par ses doutes et ses passions, ou si quelque inquiétude l'agite ; c'est cette aspiration vers l'infini, cet ardent désir de voir et de posséder Dieu, cette nostalgie céleste « dont, comme l'amour, ce mal où l'on se plaît, il ne veut pas guérir. »

De cette loi d'amour découle naturellement un nouveau principe de morale. A l'homme païen, si confiant en lui-même et si plein d'orgueil, malgré ses erreurs et ses chutes lamentables, le christianisme montre son imperfection, apprend sa faiblesse d'esprit et de cœur, fait comprendre qu'il ne pourrait rien sans l'aide et la grâce de son Créateur, source de toute puissance et de toute vertu. Il proclame, comme son premier principe, l'obéissance à l'autorité, la nécessité d'une direction, et par là donne des bases solides, inébranlables à la société ; il établit la paix en ce monde, autant du moins qu'elle y peut régner. Enseignant à l'homme l'instabilité des choses de la terre, la vanité de ses biens et de ses plaisirs, il lui fit connaître le sentiment de l'humilité, le rendit maniable et docile, et par cette sujétion au devoir, à la loi, l'affranchit de ses vices et de ses passions, l'émancipa du véritable esclavage, celui de la matière et du péché.

Fait trop laissé dans l'ombre et cependant incontestable, en même temps qu'il apprenait à l'homme à porter ses yeux et ses espérances vers le Ciel, à le considérer comme sa véritable patrie, il lui faisait construire sur cette terre le plus bel édifice social qu'on ait jamais élevé. Il donnait pour assises à ce monument à la fois si complexe et si simple, le dévouement et la foi ; il en faisait reposer tout l'équilibre sur le grand principe de l'abnégation et du sacrifice.

Il y introduisit aussi la hiérarchie des classes, c'est-à-dire une équitable direction des fonctions sociales, où chacun était rétribué suivant ses mérites et ses vertus. Il y plaça, sous la protection extérieure des privilèges, de l'étiquette et des formules, les deux lois, si facilement oubliées, de l'obéissance et du respect, et grâce à cet ensemble de traditions et de préceptes honnis maintenant comme des préjugés ou rejetés comme des chaînes avilissantes, il y fit régner une justice, une liberté et surtout une charité que ne connaît point et que ne connaîtra jamais le monde soi-disant émancipé de la Révolution.

Cette première esquisse de la société chrétienne remplit la presque totalité du second volume, et est toute entière du plus vif et du plus haut intérêt. Pour peindre ces sentiments nouveaux que Jésus fit connaître au monde, et qui sont si doux et si chers aux âmes chrétiennes, M. Eugène Loudun a trouvé des paroles émues, éloquentes, dont la forte conviction saisit profondément l'esprit et l'entraîne. Ce second volume sera certainement, plus encore que le premier, goûté du public catholique. Non qu'il lui soit supérieur par le talent et l'inspiration, mais il a pour lui la noblesse et la grandeur du sujet, et de fraîches et touchantes peintures des vertus et des joies de l'âme chrétienne y reposent agréablement des sombres tableaux que M. Eugène Loudun, dans son histoire du monde antique, a tracés d'une main si ferme et avec une impitoyable sincérité.

Enfin, M. Eugène Loudun nous montre la part prise par l'Église à cette édification du monde chrétien, et la venge des injures et des calomnies, dont ses ennemis, depuis des siècles, l'abreuvent sans pouvoir l'entamer et la troubler. Il montre que la mission de la Papauté et des Évêques fut avant tout une mission de paix, de civilisation et de charité, et qu'en faisant de la femme l'égale de l'homme, en abolissant l'esclavage, en émancipant les serfs, en prenant partout sous sa protection les pauvres, les malades, les faibles et les opprimés, en les consolant et les assistant quand elle ne pouvait les délivrer ou les guérir, en travaillant sans cesse à maintenir la paix sur la terre, d'abord par la proclamation de la trève de Dieu, puis par son incessante action sur les gouvernements et les rois, elle a accompli la plus profonde et la plus radicale des révolutions sociales, la seule qui soit permise et féconde : celle qui se propose pour fin la justice et la vérité, et qui, comme moyen, emploie la persuasion et le sacrifice.

IV.

Pour des motifs analogues, le troisième volume ne sera pas moins goûté. Il complète le précédent. Reprenant une à une les grandes vérités établies dans les chapitres antérieurs, M. Eugène Loudun montre comment les idées nouvelles et les grands principes régénérateurs introduits dans le monde par le christianisme ont insensiblement pénétré les institutions, l'art, la science et les lettres. Il prouve qu'ils ont tranformé la société toute entière et l'ont portée à un tel degré de perfection morale et d'harmonie, qu'en bien des parties elle apparaît encore comme l'idéal vers lequel doivent tendre nos sociétés modernes pour rompre, et les entraves qui les arrêtent dans les bas-fonds païens du désordre et du vice, et les liens qui les y retiennent avec tant de force.

Nulle part peut-être, ces grandes idées chrétiennes n'apparaissent plus manifestes que dans les institutions. Elles n'y sont point à chaque instant, comme dans les productions de l'ordre intellectuel, ou dérangées par les vues divergentes de l'initiative individuelle, ou défigurées à dessein, altérées dans leur essence ou dans leur enchaînement logique par la sourde action du contre-courant païen qui ne cesse de couler sous le grand fleuve catholique, et s'efforce avec rage, d'en arrêter la marche ou d'en troubler la limpidité en y mêlant ses eaux fangeuses. Elles n'y sont point, comme dans les actes politiques ou les mœurs, adultérées, au moins au même degré, par les vues secrètes de l'intérêt personnel ou par les défaillances et les sophismes des passions. Elles reflètent, comme un miroir fidèle, l'idéal de sagesse et de vertu auquel, à chaque époque, l'homme aspire. Elles sont la règle qu'il s'impose à lui-même, à laquelle il se propose de conformer ses rapports avec ses semblables, sa vie tout entière, après avoir reconnu quelle est sa destinée ici-bas et sa fin dernière, après avoir constaté, au prix d'expériences toujours pénibles, souvent douloureuses, par quelles voies il y doit tendre et quels sont les moyens les plus efficaces de les atteindre. Quand l'époque est profondément croyante et que, n'ayant point à chercher sa route qui s'ouvre large et droite devant lui, l'homme n'a d'autre souci que de ne pas s'en écarter, les institutions tout entières sont pénétrées du principe, chrétien par excellence, de l'amour et de la charité, et comme animées de son souffle. C'est ce qui s'observe au moyen âge. Les lois y varient sans doute selon les temps, les pays et les mœurs. Mais ces variations portent uniquement sur des points secondaires; et lorsqu'à l'exemple de M. Loudun, exemple bon à suivre, du reste, car de cette manière on rapproche et compare les périodes les plus saillantes du moyen âge, lorsqu'à son exemple on va chercher l'esprit de ces institutions dans les capitulaires de Charlemagne, dans les Assises de Jérusalem ou dans les Établissements de saint Louis, on le trouve partout le même ; partout, à mille indices éclatants, à mille preuves manifestes, on constate « que l'amour de Dieu a inspiré à l'homme la douceur et la miséricorde pour les hommes. »

Cette unité n'a rien de factice. Elle n'est pas, comme dans nos institutions révolutionnaires, une conception chimérique de l'esprit, sans rapport intime avec la réalité des choses et destinée à demeurer lettre morte. Elle sort des entrailles même de la société ; elle est l'âme qui l'anime, et comme le principe supérieur dont elle émane. Elle est assez forte, assez souple, pour embrasser dans son apparente simplicité et pour contenir sans peine l'infinie variété de l'existence humaine, et tout ce que les accidents de temps et de lieux, les diversités de races, les différences individuelles y introduisent de mobile et de contingent. Puissance admirable de l'amour ! Ce principe supérieur est assez fort, non seulement pour réprimer les excès des forces sociales les plus diverses, mais pour les faire servir à ses fins. Ce qui, sans lui, serait une cause de ruine ou de mort, devient, sous son action bienfaisante, une source féconde de prospérité.

Qu'on prenne les Capitulaires, par exemple, et qu'on les examine avec soin. A chaque page, à chaque ligne, pour ainsi dire, on reconnaît que le caractère particulier de ces lois est d'être un code façonné, non point par la nation, mais pour la nation par un homme de génie supérieur à son siècle et meilleur juge des besoins de son peuple, que ce peuple lui-même. Que cet homme de génie soit un païen, défiant et égoïste, à mesure qu'il instruira son peuple et l'élèvera dans les sphères d'une civilisation plus parfaite, il prendra des précautions contre lui; il l'enlacera dans les liens subtils et forts d'un despotisme si savamment combiné que ses progrès se retourneront contre lui-même et n'auront d'autre résultat que de rendre son esclavage plus dur et son joug plus pesant. Voyez l'État moderne et ce qu'il fait des peuples, quand l'esprit chrétien se retire de lui. Mais ce grand homme est Charlemagne, un chrétien convaincu et vraiment animé de l'esprit et de la charité de Jésus-Christ, c'est-à-dire non pas un despote, mais un père, et les précautions que le païen eût prises contre le peuple, en faveur de son propre pouvoir et des grands, ses soutiens et ses complices, il les prend, lui, contre ces puissants, en faveur des petits et des faibles. Il veut que justice soit rendue à chacun, et que là où la justice ne suffit pas à donner le nécessaire, à sauver des misères de l'âme et du corps, la charité intervienne pour achever son œuvre. Il n'asservit point, il émancipe, et ce qu'il fait de cette première société chrétienne, à peine sortie de la barbarie, ce qu'elle devient, grâce à ses institutions, malgré la ruine prématurée de son empire et le malheur des temps, l'étude des assises de Jérusalem nous l'apprend.

Que sont en effet ces Assises d'où sortit le Recueil des lois qui porte leur nom ! Un tribunal d'abord, puis bientôt, par la force des choses, une assemblée politique et souveraine, où se débattent les intérêts des seigneurs et des vassaux. Elles décident et légifèrent sur toutes les questions politiques et sociales pouvant intéresser l'État nouveau créé par la conquête, et de leurs délibérations il sort un code de lois véritablement admirables, imprégné dans toutes ses parties de l'esprit chrétien, comme les Capitulaires, transporté bientôt d'Orient en Occident, où il est admis, où il obtient force de loi en France, en Allemagne, en Italie. Les auteurs de ce code sont-ils donc, nous ne dirons pas des légistes, — un légiste sait rarement légiférer, — mais des hommes habitués aux affaires, mûris dans les conseils des souverains ? Non, ce sont de simples barons, des hommes de guerre dont l'esprit n'a point reçu de culture spéciale, les fils de ces leudes à demi barbares dont Charlemagne avait tant de peine à contenir la turbulence, et qui renversèrent son empire, après sa mort, pour se tailler des fiefs dans ses débris. Voilà ce qu'en avaient fait en moins de deux siècles la forte éducation chrétienne de l'Église et les enseignements des Capitulaires restés dans les coutumes locales ou passés dans les mœurs.

Enfin le code des Assises adopté par l'Occident, complété, commenté par les ordonnances des rois, les canons des conciles et les décrétales des papes, se transforme à son tour et devient entre les mains de saint Louis ces Établissements où se reflète la plus pure et la plus fidèle image de la société chrétienne au moyen âge. Saint Louis d'ailleurs innove fort peu. Il se contente de recueillir, dans l'innombrable variété des coutumes locales, ce que l'expérience a consacré, et ce qui lui paraît être le mieux en harmonie

avec les mœurs du temps et l'esprit chrétien. L'époque
est mûre pour un travail de ce genre. Ce travail, le
grand roi l'accomplit au treizième siècle, au moment où
la société chrétienne du moyen âge, arrivant à son apogée,
se trouve, grâce au persévérant effort de l'Église et de la
royauté, si fortement empreinte de l'esprit du christianisme dans ses croyances, ses institutions, ses lois et ses
mœurs, que, sur tous les points essentiels, l'unité de doctrine existe, ainsi que l'unité de sentiments. C'est le grand
siècle chrétien. Qu'on prenne les Établissements de saint
Louis, qui sont ses lois, ses coutumes recueillies par Beau-
manoir, sa procédure contenue dans le *Livre de Joslice
et de Plet*, son *Livre des Métiers*, rédigé par Étienne
Boileau, partout on trouve le même esprit d'amour
et de charité, la même sollicitude des petits et des faibles,
qui sont l'essence même de la religion chrétienne. Mais nulle
part ils n'apparaissent plus manifestes que dans les Établissements. Ce n'est point ici, comme dans les lois païennes,
un roi qui commande à des esclaves, ou, comme dans les
lois révolutionnaires, un être de raison, l'État, qui froidement
et durement dicte ses volontés ; c'est un roi chrétien qui
parle à ses sujets, c'est-à-dire un père qui s'occupe de ses
enfants et s'inquiète de leurs besoins d'abord et de leurs
désirs légitimes pour y satisfaire, puis de leurs vices et de
leurs excès pour les en reprendre, le châtiment n'arrivant
jamais qu'après l'admonestation et même alors demeurant
toujours, quoiqu'on ait dit, humain et doux. La cruauté
de certaines répressions provenait en effet beaucoup plus
de la barbarie des mœurs que de la loi, qui presque toujours
modérait ou compensait les plus révoltantes atrocités de la
coutume. Là, comme sur tous les points, apparaît et se révèle
jusque dans les moindres détails l'influence de la grande
loi d'amour apportée par Jésus-Christ dans le monde.

Le roi ne se contente pas de protéger les faibles et d'or-
donner qu'on leur vienne en aide et qu'on leur fasse droit.

Il les défend contre les méchants, et, précaution vraiment touchante que n'ont point connue les sociétés païennes, et que dédaignent aujourd'hui nos codes panthéistes, il défend leur âme avec bien plus de sollicitude que leur corps et leurs biens. Pour les attentats contre les propriétés, même pour les crimes contre les personnes lorsqu'ils étaient irréfléchis, commis dans l'entraînement des passions, si violentes et si prime-sautières chez ces hommes au sang vivace et généreux, le roi se montre miséricordieux, et laisse au coupable plus d'un moyen de se racheter, quand la réparation est possible. Pour l'outrage aux choses divines ou bien à l'âme humaine, pour le crime moral, il est au contraire implacable. En ce temps de foi fervente où l'unité religieuse a créé une unité sociale si forte et si bien assise, on n'a point pour le mal l'indulgence coupable de nos temps divisés et troublés. On ne reconnaît point de droits à l'erreur ; on eût repoussé avec indignation, comme une monstruosité abominable, le droit qu'elle s'arroge de nos jours d'opprimer la justice et la vérité. Quand elle est parvenue, par la ruse ou la violence, à s'emparer du pouvoir, on frappe celui qui s'est fait son instrument, non par vengeance, pour le vain plaisir de le châtier, mais dans son intérêt, afin de le sauver de ses propres excès. Alors, suivant la belle parole de Sixte-Quint, la justice devient une des formes de la charité. En punissant le criminel, on cherche à préserver et les autres et lui-même de la démoralisation, suite inévitable de sa faute, à faire pénétrer le remords et le repentir dans son âme. On a le pécheur en vue bien plus que le criminel.

Les crimes ainsi frappés sont ceux qui sapent et ruinent dans leurs bases l'ordre général, la société, la famille et la religion, et qui, commis froidement, avec préméditation et calcul, tendent à s'établir dans l'habitude de la vie. Ce sont d'abord tous les crimes contre la religion et Dieu : l'hérésie, l'impiété obstinée, le blasphème, le suicide, puis la luxure, le vice le plus enraciné, le plus général de ces temps barbares, tous les actes coupables où se révèle une âme vile et perverse : les trahisons armées, le brigandage, le faux, l'usure. Toujours le *salut des hommes* était la préoccupation première, et le droit public et privé n'était qu'une des dépendances de la morale. Aussi deux écrivains protestants ont-ils fait observer avec raison qu'en ces temps soi-disant barbares « les lois tendent à purifier les mœurs, et les mœurs et les lois à ennoblir les âmes. »

Dans cette société chrétienne tout vient de Dieu, le pouvoir des rois comme celui de l'Église. Mais si ce pouvoir est de source divine, il doit, pour demeurer légitime, rester toujours fidèle à sa haute origine et remplir tous les devoirs qu'elle impose. Les rois, en effet, ont avant tout des devoirs de l'accomplissement desquels découlent les droits qui leur sont conférés. Ils sont faits pour les peuples, non les peuples pour eux. Ils ont charge d'âmes et doivent veiller comme des pères à ce que ni le mal ni la corruption n'atteignent leurs grandes familles et n'y introduisent des germes de destruction et de mort. Ce doit être pour eux un souci bien plus grave que de leur assurer la nourriture du corps et la prospérité matérielle. Deux qualités supérieures résument en elles toutes celles qui font les bons rois : la crainte de Dieu et l'amour du peuple. En revanche, les souverains qui les possèdent sont vraiment sacrés aux yeux de leurs sujets ; ils en sont vénérés comme des pères, et la révolte contre leur pouvoir devient un acte impie, presque un sacrilège ; l'attentat contre leurs personnes, un de ces crimes monstrueux pour lesquels la langue n'a point de nom et que l'enfer seul est capable de punir. Aussi la stabilité des gouvernements est-elle alors bien autrement durable et forte qu'à des époques plus modernes et surtout de nos jours. À mesure que l'empreinte chrétienne s'est effacée de la société, cette stabilité a diminué, et M. Eugène Loudun le prouve avec une évidence lumineuse en passant rapidement en revue les diverses phases que le pouvoir royal a traversées, de saint Louis à Louis XVI.

Comme les rois, les sujets ont des devoirs impérieux qu'avant tout ils doivent accomplir, les droits ne naissant, pour eux aussi, que de l'accomplissement de ces obligations morales. Mais ces droits sont par contre bien plus grands, bien plus nombreux aussi qu'on ne se l'imagine en général. Jamais, à aucune époque, les libertés publiques, celles que nous appelons politiques aussi bien que celles dites civiles, n'ont été plus développées et plus respectées ; elles ont la source la plus haute et reposent sur le fondement le plus solide. Venues de Dieu, elles ont dans les mœurs un inébranlable point d'appui. Toutes les libertés que nos sociétés panthéistes poursuivent sans pouvoir les atteindre, ou du moins sans parvenir à s'en assurer la possession durable : la décentralisation, le contrôle de l'administration, le gouvernement de la nation par elle-même, la liberté de réunion, la liberté de la parole, celle de l'esprit, les sociétés chrétiennes les ont de tout temps possédées et pratiquées. Ces libertés y fonctionnaient d'elles-mêmes, pour ainsi dire, comme agissent et se meuvent les organes d'un corps bien constitué, par suite du mouvement naturel et du juste équilibre des choses. L'esprit chrétien, qui les avait fait naître, est seul aussi capable de nous les rendre. Seul il engendre cet amour des hommes les uns pour les autres, cette charité mutuelle indispensable au jeu des institutions libres et non moins nécessaires pour en assurer la stabilité. La liberté naît des mœurs, non des institutions, et ce n'est pas dans la chimérique balance des pouvoirs que se trouvent ses conditions d'existences et de durée, mais dans la valeur morale des hommes.

Libres, et cependant respectueuses de tous les droits, soumises à toutes les autorités, ces sociétés devaient être et étaient en effet florissantes et prospères. Malgré les guerres trop fréquentes, qui sont un reste des mœurs barbares, la population, aux xiiie et xive siècles, est presque aussi nombreuse qu'aujourd'hui ; le peuple vit dans une aisance à laquelle n'atteint point, à notre époque, la plupart des ouvriers et des paysans ; ils sont relativement mieux payés, se nourrissent mieux, possèdent plus de ressources et d'épargnes. Il existe entre la noblesse et le peuple une bourgeoisie active, industrieuse, intelligente. Sa puissance productrice nous est révélée par les marchés, les foires, et par l'importance des relations commerciales, si fréquentes et si étendues, malgré les difficultés des communications. Son activité d'esprit nous apparaît dans les écoles et les universités. Nulle époque d'ailleurs n'a couvert le sol de l'Europe de monuments plus nombreux et plus admirables. Cathédrales, églises, chapelles, couvents, châteaux, hôtels de ville, beffrois, palais de justice, sortent du sol par milliers. La nôtre, si fière de sa science, de sa richesse et de son industrie, qu'a-t-elle produit qui soit comparable à tant de merveilles ?

Il y a dans ce principe d'amour du christianisme une telle puissance ; il est, pour un peuple, une source si féconde de bienfaits que, dans nos sociétés à demi paganisées, on pourrait mesurer au nombre de leurs institutions économiques et charitables, la quantité d'esprit chrétien qui subsiste en elles. Aucune, sous ce rapport, et sous bien d'autres, n'était comparable à la Rome des Papes, tant décriée et tant calomniée, qui resta, jusqu'au dernier jour, le modèle de la cité catholique et la réalisation la plus complète du gouvernement paternel.

V

Lorsque des institutions des peuples du moyen âge on passe à leur état intellectuel, on retrouve l'action de l'Église aussi forte, bien que peut-être moins apparente. Si elle avait profondément pénétré les premières de son esprit et de sa doctrine, elle a, on peut le dire, créé le second. Il s'est lentement élaboré dans ses temples, dans ses couvents, dans ses écoles, et au xiii° siècle, quand cette œuvre de lente incubation fut terminée, il en est sorti formé de toutes pièces, admirable de force et d'unité.

Pour bien comprendre ce que fut cette œuvre de l'Église, pour se rendre compte et de l'immense effort accompli et de la grandeur du résultat, il faut se reporter au lendemain des invasions barbares. Dans le naufrage immense du monde païen, détruit, submergé par cette grande inondation d'hommes, rien ne demeurait debout, sinon l'Église. Elle avait conservé intact le trésor de ses croyances, de ses traditions et de son enseignement. Des lettres païennes, elle sauva ce qu'elle put mettre à l'abri dans ses sanctuaires, et avec ces éléments, d'abord épars, bientôt rassemblés et coordonnés, elle entreprit l'éducation de ces peuples tombés depuis des siècles dans l'enfance sénile de la barbarie. Afin de les relever d'une si longue déchéance et d'en faire des hommes, elle en fit des chrétiens. Ce qu'elle eut d'obstacles à vaincre, ce qu'il lui fallut de courage et de persévérance pour plier ces esprits indomptés sous le joug de la règle et de l'étude, et pour y faire pénétrer les grandes vérités, les sentiments élevés et délicats destinés à les régénérer, nous l'avons indiqué déjà, et l'histoire nous l'apprend. D'autant plus merveilleux est le résultat obtenu. Ni les hautes vertus de l'Église, ni la connaissance profonde que de tout temps elle eut des hommes, ne suffiraient à l'expliquer, si l'on n'y joignait les grâces divines de sa mission surnaturelle. Il y a longtemps qu'on a fait justice des calomnies qui représentaient le moyen âge comme une époque de ténèbres, formant une véritable solution de continuité entre les temps anciens et les temps modernes, et pendant laquelle les lettres et les sciences, oubliées, faillirent disparaître avec les rares manuscrits où le précieux dépôt en était conservé. L'ignorance ou la mauvaise foi sont seules à le soutenir aujourd'hui. M. Eugène Loudun apporte à l'appui de

la thèse opposée des preuves éclatantes et de précieux
témoignages. Il lève jusqu'aux derniers doutes qui pourraient encore subsister. Alors même, dit-il, que l'antiquité
païenne eût disparu tout entière, le christianisme avait,
dans les œuvres seules des Pères de l'Église grecque et
romaine, un trésor inépuisable de connaissances et d'enseignements, qui ne cessera jamais d'être exploité, et des
modèles incomparables. Il entre à ce sujet dans des détails
où nous ne pouvons le suivre, à notre grand regret. Il prouve
que cette œuvre colossale, à laquelle ont concouru de siècle
en siècle d'admirables génies inspirés de Dieu, renferme,
avec une encyclopédie complète des connaissances
humaines, les plus hautes qualités morales et littéraires ;
et, ce qui la marque d'un cachet tout particulier,
les qualités chrétiennes par excellence : la délicatesse, la
tendresse, la chaleur d'âme, une éloquence entraînante
dont la source est dans le cœur et l'autorité que donne une
longue habitude de diriger les hommes.

C'est d'ailleurs une erreur de croire que les auteurs de
l'antiquité païenne fussent enfouis dans les bibliothèques
des couvents, ignorés de tous. A aucune époque ils n'ont
cessé d'être lus, étudiés, non seulement par les moines et
les clercs, mais par les classes lettrées, par les seigneurs
eux-mêmes. La connaissance de la littérature latine
était, on peut le dire, plus généralement répandue que
de nos jours. Il n'était pas rare, en certains siècles, de
rencontrer des barons et même de puissants princes
qui aimaient et protégeaient les lettres, qui les culti-
vaient eux-mêmes. Il y en eut, dès le dixième, qui
lisaient Aristote et Cicéron. Dans les couvents de
femmes, parmi les châtelaines elles-mêmes, on parlait
couramment le latin, on l'écrivait même. On n'était
pas réduit non plus, comme on l'a prétendu, à un petit
nombre d'auteurs. On a relevé dans les écrivains des
différents siècles, la liste des ouvrages qui étaient, non

pas seulement connus, mais étudiés, commentés dans les écoles. Elle dépasse, et de beaucoup, celle des auteurs familiers aux savants de nos jours. Il en est de même pour l'enseignement. Les études étaient beaucoup plus fortes et plus étendues qu'à notre époque. Le programme est incomparablement plus vaste et mieux ordonné, plus logique surtout. Quels savants pourraient écrire aujourd'hui ces énormes, ces admirables encyclopédies où les grands hommes de chaque siècle résumaient les connaissances de leur temps, et dont la Somme de saint Thomas d'Aquin est l'incomparable modèle.

L'instruction est aussi bien plus répandue qu'on ne le croit. Elle n'est pas, comme à présent, concentrée dans un certain nombre de foyers et le privilège exclusif des villes. Les clercs, les moines, les prêtres la font pénétrer au fond des campagnes les plus lointaines ; ils la répandent jusqu'aux extrémités les plus reculées du monde, et quatre siècles avant Christophe Colomb, ils étaient allés par l'Irlande, la Norwège et l'Islande, la porter, avec le flambeau de la foi, aux sauvages de l'Amérique du Nord ; à l'autre extrémité du monde, ils l'avaient fait pénétrer dans la Chine et la Tartarie. Les universités, dans les grandes villes de l'Europe, sont des foyers intenses de lumière. Il y règne un amour de l'étude, une activité intellectuelle dont rien n'approche à présent. Ce n'est pas par centaines, c'est par milliers que les écoliers se pressent aux leçons des maîtres illustres dans les grands centres comme Paris. Nul vaisseau, pas même les églises, n'est assez vaste pour les contenir. Il faut que le maître sorte, monte sur une borne et professe dans la rue. Les relations internationales sont aussi d'une fréquence extrême et bien plus étendues qu'on ne le suppose en général. Quoique des obstacles de toutes sortes entravent les communications, précisément pour ce motif, on a la passion des voyages. Ils sont au moins aussi fréquents qu'à notre époque et les pèlerinages entraînent périodiquement de véritables foules d'une extrémité à l'autre du monde chrétien.

Le principe élevé, qui anime alors la science et en vivifie l'enseignement, entretient ce noble désir de savoir avec bien plus de force que la vaine curiosité, seul stimulant de la science incrédule ou athée. On n'étudie pas seulement pour donner satisfaction aux besoins matériels ou bien pour orner et polir son esprit. On cherche avant tout, dans la science, le moyen de former l'âme et de l'élever, de degré en degré, par l'échelle de la création, jusqu'à Dieu, sa fin dernière. On la transforme en y faisant pénétrer l'idée chrétienne. De même on transfigure l'art. Pour les païens, la beauté de la forme primait tout ; elle était à vrai dire la seule qui les occupât et qu'ils fussent capables de goûter. Dans l'art chrétien, l'idée domine au contraire, et la forme n'a de valeur qu'autant qu'elle la reflète et sert à la manifester. La première l'emporte à ce point sur la seconde qu'elle la fait oublier. Ce qui frappe avant tout dans un chef-d'œuvre païen, c'est le côté plastique ; dans une œuvre chrétienne, c'est l'expression. L'âme, toujours, y a le pas sur la matière, et non seulement dans la peinture et la sculpture, mais dans l'art même où la matière, par sa masse énorme, semble devoir nécessairement l'emporter : dans l'architecture. Ce qui saisit l'âme et l'émeut, à la vue d'une cathédrale chrétienne, c'est moins les dimensions imposantes, la beauté des lignes et l'infinie variété des détails, que la grande pensée d'adoration et d'amour dont elle est l'épanouissement gigantesque. De même la musique religieuse éveille, non des sensations plus ou moins agréables, mais des sentiments, et les plus nobles et les plus élevés que l'âme humaine puisse concevoir.

Dans une société possédant de pareilles institutions et dans laquelle l'éducation tout entière dirige l'âme, non vers les choses de la terre, mais vers la patrie céleste, tout, dans les aspirations, devait être purifié, ennobli, empreint au

plus haut degré de l'esprit de dévouement et de sacrifice.
Les relations entre les hommes devaient prendre un caractère de franchise et de cordialité, être pénétrées de sentiments
de joie et de fraternité inconnus des sociétés païennes et
panthéistes. C'est aussi ce qu'on observe. Cette société crée
véritablement la famille qui n'existait point avant elle, et
ne saurait en effet subsister pure et respectée en dehors du
christianisme. Pour la créer, elle sanctifie le mariage, et
afin de le garder des entraînements et des souillures de la
passion, elle en fait avant tout l'union de deux âmes, un
sacrement que la bénédiction de Dieu rend indissoluble.
Elle impose ensuite le respect de la femme et de l'enfant qui,
désormais, aimés et protégés, se développent librement
au sein de la famille, et en deviennent le lien le plus fort
et le charme le plus doux.

De la famille ainsi purifiée, comme d'une source natu-
relle, inépuisable, découlent alors les plus nobles sentiments et les vertus les plus hautes. On peut, sans
crainte, lui demander le dévouement, le sacrifice, en un
mot toutes les formes de l'héroïsme. Il n'est point de mer-
veille qu'on n'en puisse attendre. L'homme chrétien fournit
le clerc, le prêtre, le moine, le chevalier, ce modèle
accompli du soldat de Dieu sur la terre, et ces innombrables
armées de croisés qui s'en vont, sans compter, répandre
leur sang pour la délivrance du Saint-Sépulcre, et qui
sauvent, avec la chrétienté, la civilisation de l'Europe et
l'avenir du monde. La femme chrétienne, idéal de beauté
et de vertu, apporte au monde la charité. Elle donne à la
famille la mère, la sœur, l'épouse ; aux pervers, aux
deshérités, elle donne la religieuse, ange de pureté dont les
prières et les macérations expient les crimes des hommes,
dont le dévouement panse toutes les plaies et console toutes
les douleurs ; à la patrie expirante, elle donne Jeanne d'Arc.

Dans cette société profondément imbue de l'esprit d'abnégation et du sentiment de la fraternité, on s'aime en dépit

de toutes les défaillances et de toutes les rivalités, et l'amour
s'y reconnait à des signes infaillibles, à l'incomparable
charité dont nous venons de parler, à la cordialité joyeuse
qui vivifie toutes les relations. On est frappé, quand on
étudie la société du moyen âge, du caractère vif, jeune et gai
des populations. Le peuple alors faisait de sa vie trois parts :
il travaillait, priait et s'amusait. Il travaillait beaucoup,
mais avec ordre, patience et régularité, et non pas au-delà
de ses forces, avec cette frénésie qui exténue l'ouvrier de
nos jours, attaché sans trêve ni merci à la machine dont il
est le serf et la victime. On priait avec ferveur, et l'âme
élevée vers le ciel par cet hommage rendu au Créateur,
maintenue sans efforts dans les sphères les plus hautes du
sentiment et de la pensée, y puisait une force, une sérénité
que ne connait plus le prolétaire de nos jours, ballotté,
comme un jouet misérable, des jouissances avilissantes de
la chair aux revendications haineuses, irréalisables, des
utopies politiques et sociales. Apaisé par la prière, heureux
du travail accompli parce qu'il le sentait utile et fécond
pour lui-même et pour les autres, le peuple portait aussi
dans ses amusements une puissance de vie, une verve, une
animation qui donnaient un éclat incomparable à ses fêtes.
Ces réjouissances, la religion les animait toujours de son
souffle, alors même qu'elle n'en était pas l'objet direct,
comme dans les Mystères, à la représentation desquels
concouraient quelquefois des villes, des provinces entières.

Cette société chrétienne, si pleine de sève et d'originalité
au moyen âge, d'une si belle unité morale, si forte, et à
tant d'égards admirable par ses vertus au xiiie siècle, eut
encore après les écarts de la Renaissance et les défaillances
lamentables, les excès odieux de la réforme, un épanouissement suprême. Ce fut le dix-septième siècle, un des plus
grands et le plus glorieux de notre histoire parce qu'il fut
un des plus religieux. La religion, en effet, y domine, y
règle tout. Lorsqu'elle n'y peut empêcher les fautes, elle

les atténue ou les répare. Il lui doit ce qui le marque d'un caractère si supérieur et si profond : la grandeur dans l'ordre. Mais ce sont là des vérités trop connues pour qu'il soit nécessaire de s'arrêter à les développer. M. Eugène Loudun les indique d'un trait rapide et incisif, qui fait saillir la physionomie de l'époque avec une force singulière, et tout le volume, comme le sujet même qu'il traite, est marqué d'un caractère d'unité et de force, qui le rend particulièrement remarquable. Consacré à reproduire l'ensemble si parfait de la société chrétienne, il en reflète fidèlement l'image; il en possède le charme pénétrant et l'attrayante séduction.

VI

Voilà la société chrétienne fondée. La voie s'ouvre toute grande devant elle. Il semble qu'elle n'ait plus qu'à poursuivre. Pourquoi s'écarterait-elle de cette voie qui l'a conduite à la grandeur morale et à la richesse matérielle, puisque le christianisme est seul capable, elle l'éprouve à chaque instant, d'assurer son bonheur en ce monde et dans l'autre, et de l'accroître elle-même en éliminant les germes de désordres et de destruction qu'elle porte dans son sein ?

Elle en sort cependant, et à deux reprises différentes, alors qu'elle y semble plus affermie que jamais : après le treizième siècle, puis après le dix-septième. Elle en sort pour se lancer dans des voies dont l'expérience devrait tout particulièrement l'écarter, car ces voies, elle le sait, sont précisément celles où la société païenne est allée se perdre et se dissoudre. Elle s'y lance emportée par l'orgueil et les passions de la chair. Chacun de ces écarts est considérable, le second plus encore que le premier, et le dernier l'emporte avec une vitesse si vertigineuse sur la pente des abîmes que beaucoup désespèrent qu'on puisse désormais l'y arrêter.

L'aberration semble inexplicable et l'on dirait vraiment qu'elle tient de la folie. On n'a pas de peine à la comprendre, cependant, lorsque, regardant de plus près, on remonte aux causes, et qu'après les avoir saisies, on en suit d'âge en âge la sourde, mais rapide évolution.

Le mal, incarné dans Satan, ne désarme jamais. Bien qu'assuré de sa défaite, il n'a pas cessé de lutter contre Jésus lui-même. A plus forte raison a-t-il continué de lutter contre les apôtres, successeurs de Jésus-Christ, et contre l'Église et les sociétés créées par l'Évangile. Vaincu, arrêté sur le terrain du Paganisme, il transporte aussitôt le combat sur un autre champ de bataille ; et la société chrétienne pendant qu'elle se constituait, alors même qu'elle semblait triomphante, avait eu cruellement à souffrir de ses attaques. Elle n'avait pu si bien garder toutes les issues, qu'il ne pénétrât en elle par quelque voie secrète, et n'y déposât les germes du mal qui devait, en se développant, y causer d'épouvantables ravages.

L'Hérésie d'abord, le Panthéisme ensuite, sont les deux formes principales qu'à son instigation l'erreur va revêtir. Sous des noms différents, c'est au fond la même chose que le Paganisme. Toutes ces aberrations, qu'elles dissimulent leurs tendances sous d'hypocrites et fausses apparences ou les avouent cyniquement, ont le même but, qui est de détourner l'homme des choses du ciel pour le ramener à celles de la terre, de l'y river par la chaîne alourdie des besoins sensuels surexcités par les plus honteux moyens et transformés en désirs irrésistibles, en passions dégradantes. Comme le paganisme, tous ces sectaires, tous ces philosophes ne croient au fond qu'à l'éternité du monde matériel. Ils considèrent la terre comme la seule fin de l'homme, la jouissance comme son but unique, et ne reconnaissent, ne respectent d'autre droit ici-bas que celui de la force. Aussi tous ont-ils la prétention d'affranchir la science et l'homme du contrôle des vérités chrétiennes et de leur direction, qui les gêne, ne devant point les conduire où ils veulent aller. Tous ils tentent de refaire en dehors du christianisme et contre lui une société qui, ne reconnaissant point Dieu, commence par le combattre et finit par le nier. Qu'ils en aient ou non conscience, c'est le matérialisme antique qu'ils tentent de ressusciter, et si parfois éclairés par des lueurs subites, effrayés de leur œuvre dont les conséquences lointaines encore, mais inévitables, se dévoilent tout à coup par des échappées inattendues, ils essaient de s'arrêter, de réparer le mal qu'ils ont fait, toujours il se trouve à leur suite des esprits plus logiques, des disciples plus hardis pour reprendre le travail de corruption et de démolition au point où ils l'abandonnent, et le pousser jusqu'à ses conséquences extrêmes.

De même qu'il existe une tradition du bien, qui est le christianisme, de même il existe dans le monde une tradition du mal, tradition satanique dont la trace disparaît à certaines époques, mais pour reparaître ensuite, et ne s'interrompt pas plus que ne s'arrête le cours de ces fleuves à demi souterrains qui, brusquement engouffrés dans des abîmes, et comme perdus, reparaissent ensuite à des distances plus ou moins lointaines, grossis de toutes les eaux qu'ils ont recueillies dans leur trajet invisible.

Les hérétiques des premiers siècles ont été les successeurs immédiats du paganisme. On sait avec quelle tenace obstination et par quelles perfides manœuvres ils ont essayé de corrompre les eaux de la vérité, au moment même où elles jaillissaient de leur source divine, et de détourner le christianisme de sa véritable voie pour le ramener dans les sentiers fangeux où s'étaient vautrées les sociétés antiques. A peine ont-ils été détruits par l'héroïque armée des martyrs et des saints, conduite au combat par

les Pères de l'Église, que leurs erreurs renaissent dans le
socialisme des Albigeois et des Vaudois, sous une forme
plus brutale et plus dangereuse en ce sens qu'elle fait directement appel aux passions, aux convoitises de la chair,
toujours si ardentes chez les peuples du Midi, et cherchent
à reconstituer de toutes pièces l'organisation païenne.
Elles ne sont pas extirpées du sol, où elles avaient jeté déjà
de profondes racines, qu'elles reparaissent transformées
dans l'enseignement panthéiste d'un certain nombre de
docteurs du moyen âge. L'Église, en apparence, en a facilement raison. Il lui suffit, pour étouffer le mal dans son
germe, de fermer la bouche de ces dangereux novateurs.
Il semble du moins qu'il en soit ainsi. Mais l'erreur est
subtile de sa nature; elle a mille moyens de se dérober et de
fuir. Chassée de l'enseignement des docteurs, elle reparaît
dans les écrits des légistes. Ce que Satan n'a pu réaliser
dans la sphère des intelligences, il va l'effectuer dans le
domaine des intérêts. Il arme le pouvoir temporel, jusque-là
soumis en principe, sinon toujours obéissant en fait, contre
le pouvoir spirituel ; il soulève Philippe le Bel contre le
Pape. Il va chercher dans la poussière des bibliothèques,
exhume du droit romain la détestable doctrine de l'État
païen. Le roi, les légistes, s'emparent de cette doctrine
comme d'un merveilleux instrument de despotisme. Ils
n'ont pas pris garde que, basée sur la révolte de la chair
contre l'esprit, et ne reconnaissant d'autre droit que celui
de la force, d'autre autorité que celle du nombre, elle doit
fatalement faire passer le pouvoir des mains du Roi dans
celles du peuple. Les Parisiens, conduits par Étienne
Marcel, se chargent de tirer ces conséquences inaperçues.
Sur les ruines du pouvoir royal renversé, ils installent la
première commune révolutionnaire. Partout, dans la
campagne, ils lancent des troupes de bandits ou de
paysans fanatisés à l'assaut des châteaux.

Trop prématurée pour réussir, la tentative est noyée

dans le sang. Mais l'expérience est faite. On sait désormais comment il faut s'y prendre pour détourner les nations de l'obéissance, et les soulever contre l'Église et la Papauté. Il ne s'agit plus, pour réussir, que de disposer convenablement les esprits. Ce sera le travail de la Renaissance et de la Réforme.

Le mouvement de la Renaissance éclate le premier, et tout concourt à le favoriser, jusqu'aux progrès accomplis par la société chrétienne. L'éducation des peuples barbares, convertis, assagis, disciplinés par le christianisme s'achève en ce moment. Par l'intelligence comme par le corps, ce sont maintenant des hommes, et ils sont de force à marcher seuls dans la route où l'Église, avec tant de peine et depuis des siècles, les a dirigés et maintenus. Mais le sentiment inaccoutumé de leur force les remplit d'une folle et aveugle présomption ; le sang vif et chaud de la jeunesse, qui leur monte par bouffées au cerveau, les enivre, et le premier usage qu'ils font de leur liberté est de repousser d'une main ingrate le bras qui leur servait d'appui. Par orgueil, afin de faire parade de leur vigueur et de montrer leur indépendance, ils s'écartent du chemin battu et se lancent au hasard à la recherche de folles aventures, dans les sentiers du mal.

Jamais, il faut le dire, les sollicitations n'avaient été si nombreuses autour d'eux, ni si pressantes. Il semble que Satan, après les avoir longtemps tenues en réserve, les prodigue toutes afin d'en rendre la séduction plus irrésistible. De nouvelles découvertes viennent décupler les ressources de l'intelligence humaine, ou bien ouvrir à son activité des horizons presque sans limites. L'imprimerie est inventée, l'Amérique est découverte. En même temps de Constantinople tombée dans les mains des Turcs arrivent par troupes, les Grecs du Bas-Empire qui répandent en Italie d'abord, puis dans tous les pays de l'Europe, la connaissance pratique et l'usage de leur langue, sous le couvert de laquelle ils insinuent leur esprit sophistique, leurs tendances naturalistes et leurs mœurs détestables. Un monde nouveau se forme. Il n'est à beaucoup d'égards que le monde ancien ressuscité ; et en appelant Renaissance cette époque où nos pères échappent à l'éducation chrétienne pour se livrer à toutes les fascinations des doctrines, des mœurs et des arts païens, on l'a bien nommée. L'empire de l'âme va prendre fin : celui de la chair recommence, et ce siècle qui perd, avec la vue des horizons célestes, la vraie notion du beau, et s'enivre de formes, de couleurs et de tous les attraits périssables de la nature, prépare le monde à cette idolâtrie moderne du panthéisme, qui n'est autre chose que l'adoration de l'homme par lui-même. Il l'entraîne sur la pente de tous les despotismes; il ouvre la voie à tous les excès, à toutes les révoltes.

Mais le mal a rarement le courage de jeter franchement le masque et de se montrer le visage découvert. Il a tellement conscience de sa laideur physique et morale qu'il éprouve le besoin de se justifier à ses propres yeux, et à ceux d'autrui, en se dissimulant derrière les apparences honnêtes d'une fausse doctrine, et en s'incarnant dans un principe, qui lui donne, pour ainsi dire, droit de cité dans le monde. Ayant amolli les âmes, relâché les mœurs, répudié ou raillé toutes les idées chrétiennes pour revendiquer les prétendus droits du corps, et soulevé par là, contre ses tendances, tout ce que l'Europe renferme encore d'honnête et de pur, la Renaissance a senti qu'elle va disparaître sous un flot montant d'indignation si elle ne donne le change à ceux qu'elle dégrade et perd. Elle se transforme alors, et pour mieux assurer sa victoire dans le domaine de la matière, transportant la lutte au plus intime de l'âme, elle prend l'initiative de l'attaque, saisit corps à corps les principes religieux armés contre elle, et en face du devoir chrétien, de l'obéissance à Dieu, de la soumision à son Église, elle proclame le droit à l'examen, c'est-à-dire l'indépendance de l'homme vis-à-vis du souverain maître de toutes choses, la liberté pour lui de se faire sa morale, en d'autres termes de n'en pratiquer que ce qui lui convient et au besoin de n'en avoir aucune. Au dogme de la chûte et de l'expiation du péché par la mort du divin Sauveur et par la pénitence, elle opposera plus tard, quand elle se sera saturée d'idées panthéistes, la doctrine de la bonté native de la créature et de sa perfectibilité indéfinie.

C'est la **Réforme**. Elle triomphe en Angleterre, en Allemagne et dans les pays Scandinaves, qui sont les contrées de l'Europe où le vieux levain matérialiste et barbare est resté le plus vivace. Vaincue dans les pays latins, où il se produit, après sa défaite, un réveil de l'esprit chrétien dont le xviie siècle est l'épanouissement magnifique, elle n'est pas si complètement extirpée qu'elle ne laisse enfouies, comme des germes, des racines qui repousseront à la moindre occasion favorable et dont la pullulation vénéneuse minera le sol d'abord, puis fera soudainement explosion à la surface. Il semble d'ailleurs que Satan s'acharne à son œuvre, qu'il y porte la froide ténacité de sa rancune et l'âpre ardeur de la vengeance. A vrai dire, il n'a point désarmé. Alors que sa défaite semblait consommée, en plein xviie siècle, grâce à la corruption qu'il répandait dans les mœurs, au tour païen qu'il donnait à la littérature, à la philosophie, il portait la désorganisation dans le camp de l'ennemi, et, en bien des endroits, il en affaiblissait la résistance. Quand il reprend la lutte, il y concentre toutes ses forces et, afin de rendre la défense plus difficile, il assaillit tous les points à la fois. La réforme n'avait directement sapé que la religion. Si le pouvoir royal, la société tout entière en avaient été profondément ébranlés, ce n'était que par contre-coup. Elle avait même essayé, quelquefois, de pallier les effets de son action dissolvante, ou du moins de les dissimuler. La Révolution qui se prépare, et qu'on est unanime à appeler de ce nom, tant elle est bien la Révolution par excellence, s'attaque à tout et veut tout détruire : religion, pouvoirs politiques, autorité morale, tout ce qui constitue la société, l'aide à vivre et à prospérer. Si elle fait ainsi table rase, c'est, il est vrai, pour reconstruire ensuite, du moins le prétend-elle. Mais depuis un siècle on voit les ruines qu'elle a faites; on n'aperçoit pas encore le nouvel édifice. On ne l'apercevra jamais. Satan sait détruire, non créer. La puissance créatrice est un des attributs souverains de Dieu, et il ne peut ni la dérober, ni la contrefaire.

Pendant tout un siècle, le dix-huitième, la Révolution se prépare. Satan travaille en partie double. A côté de ses fauteurs avoués, il a ses partisans secrets qui, sous la trame apparente des premiers, tissent leur trame secrète. Les premiers sont les philosophes, hérauts véritables de la Révolution. Ils en proclament et en propagent les principes. Ils en favorisent, ils en hâtent l'avènement en l'annonçant sans cesse comme inévitable et prochain. Les seconds sont les membres, bientôt innombrables, des sociétés secrètes, ces légions invisibles que le génie satanique de Weishaupt a recrutées avec un zèle infatigable, puis si bien enserrées dans le réseau de son organisation occulte que, le voulussent-elles, elles n'en pourraient plus sortir. Weishaupt les emploie sans trève ni merci à son œuvre de dissolution et de démoralisation jusqu'au jour où, tout étant miné, désagrégé, elles pourront se lancer ouvertement à l'attaque et planter leur drapeau vainqueur sur les ruines préparées par leurs mains. Sous l'atelier qui fonctionne publiquement, devant le regard de tous, il y a l'atelier souterrain, bien autrement actif et redoutable, où tous les voiles sont jetés, tous les ménagements écartés, et dont les galeries, poussées dans tous les sens, ne se révèlent, comme celles de la taupe, que par les bouleversements soudains que leur éruption produit de loin en loin à la surface du sol. Ce que fut l'œuvre des philosophes et ce que les hommes valaient, on le sait aujourd'hui.

Ils sont si bien étudiés , si bien percés à jour que l'illusion
n'est plus possible sur leur compte. Mais ce que l'on ne sait
pas encore, ce que l'on sait mal du moins, bien que l'on
commence depuis quelque temps à le pénétrer et à le dire,
c'est combien fut abominable, et perverse, et néfaste l'œuvre
de ces sociétés secrètes. De tout temps, il faut le dire, elles
avaient existé, mais elles prirent alors un développement
prodigieux, et la franc-maçonnerie en fut et en reste la
forme la plus ancienne et la plus complète, la plus haïssable
aussi. Elles n'ont pas seulement poursuivi d'une façon
générale la destruction de l'édifice social, la ruine de
toutes les institutions sur lesquelles il repose : religion,
pouvoir civil, famille, mariage, propriété. Elles ont,
avec une prévoyance odieuse, marqué les différentes
étapes que l'armée du mal devait suivre dans sa marche
envahissante, désigné d'avance les victimes. Le grand
bouleversement qui, de 89 à 93, accumula tant de ruines
et fit couler tant de sang, ne fut, dans ses phases principales
et dans ses actes essentiels, que la réalisation d'un plan
froidement conçu et médité dans le secret des loges par des
monstres à face humaine. On vit alors renaître, dans toute
sa férocité native, l'implacable esprit du paganisme antique.
Rien de chrétien ne subsiste en ces hommes de la Révolution. Ils ont la cruauté sanguinaire, les instincts autoritaires
et oppressifs, l'égoïsme hypocrite et la luxure effrénée des
époques les plus corrompues, les plus bestiales du
paganisme. Les actes démentent sans cesse les paroles, et
les mots les plus pompeux, ceux qui expriment les sentiments les plus généreux : l'humanité, la liberté, l'égalité,
la fraternité, le progrès, sont employés couramment à couvrir, à justifier les turpitudes les plus abjectes, ou les crimes
les plus révoltants. La Révolution, pour tout dire en un
mot, s'incarne dans le jacobinisme, qui lui-même est la
forme extérieure sous laquelle se manifeste l'action occulte
de la franc-maçonnerie.

VII

Après ce triomphe, l'un des plus éclatants qu'elle ait remportés depuis la venue du Christ, l'action satanique ne s'est point arrêtée, à proprement parler. Elle a été ralentie par l'Empire, la Restauration et les gouvernements plus ou moins conservateurs qui se sont succédés depuis lors. Mais aucun n'a pu l'enrayer, parce que dans tous, elle avait des complicités secrètes qui la couvraient d'une protection coupable et lui permettaient d'échapper, presque indemne, aux répressions déterminées par ses crimes et de reprendre, dès le lendemain de sa défaite, les menées qui devaient de nouveau et à brève échéance, la conduire à la victoire. Elle a fait de tels ravages que beaucoup désespèrent qu'on puisse l'arrêter. M. Eugène Loudun partage, dans une très large mesure, ces vues pessimistes. De plus en plus, dit-il, nous cessons d'être chrétiens et nous devenons païens.

« Depuis près d'un siècle, ajoute-t-il, ce travail s'opère ; il est universel, continu ; si la Révolution est un instant refoulée, elle revient toujours la même, avec les mêmes moyens, les mêmes sapes secrètes. Tous les piliers sur lesquels s'appuie la Société sont frappés à la base, désagrégés ; tout est disposé pour compléter la ruine, et il n'est personne qui ne prévoie l'inévitable dénouement.

« Et en même temps le Panthéisme commence à poser les fondements de la nouvelle Société païenne. Elle s'élève près de nous, autour de nous, et déjà une partie en est complète et achevée. »

. . . .

« Il y a un demi-siècle, on disait : Ce siècle est sceptique.

Aujourd'hui il faut dire : Il ne croit pas! Il doutait, donc il avait encore quelque foi. Il ne doute plus, il dit simplement : Cela n'est pas !

« Et il ne s'agit pas seulement de la religion : quand la religion est frappée, tout l'ordre social est atteint, principes et droits; ce siècle ne croit à aucun, n'en reconnait aucun. »

La tolérance, en effet, comme M. Eugène Loudun le fait remarquer avec raison, n'est pas un principe, c'est une machine de guerre qui ne sert qu'au mal, un pavillon trompeur bon seulement à couvrir les plus détestables principes, les corruptions les plus odieuses, les menées les plus coupables. Son plus sûr effet a toujours été et sera toujours de donner accès à l'ennemi dans l'intérieur de la place, de lui livrer, par une complicité inconsidérée ou coupable, les défenses élevées contre lui et de lui permettre de les ruiner à loisir. On peut en dire autant de ces prétendues libertés qui ne font point de distinction entre le Mal et le Bien, et ne les placent sur la même ligne qu'afin de donner bientôt au premier la prépondérance sur le second.

Le cinquième et dernier volume de M. Eugène Loudun est consacré tout entier à la démonstration de ces vérités. Il y suit pas à pas les ravages toujours croissants opérés depuis 89 par la Révolution dans la société contemporaine. Il en étudie les résultats moraux, intellectuels et sociaux. Il la montre introduisant : dans la philosophie, le doute, puis sa conséquence inévitable, la négation; dans la morale, ces principes matérialistes qui ravalent l'homme au niveau de la brute, en l'enfermant dans les horizons terrestres, et en lui proposant pour fin unique de son existence, la satisfaction égoïste de ses besoins sensuels; dans la politique, la démocratie, c'est-à-dire la destruction de toute autorité venant de Dieu, et de toute hiérarchie sociale, le règne sans contrepoids ni contrôle du nombre et de la force, qui fait osciller sans cesse les sociétés affolées du despotisme

à l'anarchie, et de l'anarchie au despotisme, sans pouvoir
jamais les asseoir sur une base stable ; dans la littérature
et les arts, la négation ou l'ignorance de l'idéal, dont la
notion se perd avec celle de Dieu et la représentation
exclusive de la nature sensuelle et de la matière ; dans la
science, la négation de Dieu ou tout au moins la prétention
de se passer de lui, de tout expliquer sans son intervention,
et par la seule action des forces perpétuellement agissantes
d'une matière existant de toute éternité ; dans l'industrie
enfin, l'esprit d'égoïsme et de lutte, la concurrence implacable, à outrance, tendant de plus en plus à remplacer l'esprit d'amour et de charité introduit par le christianisme,
et s'alliant au principe oppresseur de la liberté illimitée
qui livre fatalement le faible au fort, le pauvre au riche,
pour amener l'exploitation du prolétaire et son impitoyable
asservissement. Sous des formes différentes, c'est, on le
voit, toujours le même principe qui reparait, et qui produit
en toutes choses la même désorganisation lamentable.
Le mal a, comme le bien, sa logique, dont il poursuit
les conséquences avec une rigueur bien autrement
inexorable.

Ce cinquième volume, on doit le pressentir à la variété,
à l'actualité des sujets qu'il embrasse, est sans contredit le
plus intéressant de tous ; et celui dans lequel M. Eugène
Loudun a déployé le plus de souplesse et de talent. Dans la
partie philosophique et morale, on retrouve la hauteur de
vues, la fermeté de principes qui distinguent, à un si
éminent degré, les précédents volumes, et le même courage
à signaler le mal, à en rechercher les origines, à le poursuivre jusque dans ses plus lointaines conséquences et ses
complicités les plus hautes. Il y a, dans les chapitres sur la
littérature et l'art, des tableaux d'une vérité saisissante,
des pages d'une verve entraînante, d'un éclat étincelant,
où le dévergondage intellectuel et moral de la bohème
contemporaine, ses vices, ses travers et son outrecuidance

sont raillés avec une légèreté, un esprit du meilleur goût et flagellés de main de maître. Enfin, dans l'étude sur les réformateurs, les vrais principes du socialisme sont mis à nu avec une rigueur de logique, une précision de détail inexorables, et nous ne croyons pas que jamais on en ait fait ressortir, avec une lucidité plus lumineuse, avec une rigueur plus vengeresse, et l'absurdidé révoltante, et l'abjecte immoralité. L'esprit païen de la Révolution, ses tendances panthéistes y sont saisis sur le vif, et nous le voyons chez les Mormons, les Fouriéristes et les Saint-Simoniens aboutir à ses conséquences dernières, c'est-à-dire à la destruction complète de la famille, à la promiscuité la plus honteuse et aux débauches contre nature, qui attirèrent le feu du ciel sur Sodome et Gomorrhe et qu'avaient vu déjà se renouveler, au moyen âge, les fêtes du sabbat, et à des époques plus rapprochées de nous, les orgies naturalistes de certaines sociétés secrètes.

Nous ne pourrions suivre M. Eugène Loudun à travers une si grande variété de sujets sans nous perdre dans le détail des faits, ou sans risquer de faire évanouir, par une sèche analyse, le charme de ces vivants tableaux et l'entraînante conviction de son éloquente parole. Nous préférons renvoyer au livre lui-même. On y verra que M. Eugène Loudun, s'il désespère du salut de nos sociétés européennes, si profondément gangrenées, ne doute cependant ni de la mission divine du christianisme, ni de la continuation de son existence sur la terre. Il ne meurt point, dit-il, il se déplace, et s'il venait à disparaître de l'Europe comme jadis il a disparu de l'Asie, — l'Amérique et l'Afrique dont son apostolat a déjà pénétré si profondément les immenses territoires, seraient là, toutes prêtes à le recevoir. Nous ne partageons pas entièrement, nous devons le dire, ces vues pessimistes. Nous augurons mieux de la vitalité des races d'Europe, de la race française en particulier, et nous avons plus de confiance aussi dans la miséricorde divine. Le salut,

comme il est arrivé plus d'une fois, sortira, nous l'espérons
du moins, de l'excès même du mal, et les nations de
l'Europe, éclairées par l'expérience, reudues plus sages par
le malheur, rentreront, en des temps prochains peut-être,
dans la tradition chrétienne qui subsiste et survit toujours,
malgré tant de défaillances, d'erreurs et de crimes. Nous
en avons la ferme conviction : nous n'assistons point à la
fin d'un monde, mais, selon la belle parole de Monseigneur
Mermillod, à la naissance d'une nouvelle ère chrétienne,
dont, à bien des signes, on peut déjà saluer l'aurore. Mais,
si nous ne pouvons adopter cette conclusion dernière du
grand ouvrage de M. Eugène Loudun, si, sur quelques
points de détail, nous ne sommes pas toujours d'accord
avec lui (nous le trouvons notamment bien sévère pour
certains philosophes contemporains, injuste même pour
quelques-uns), nous ne voulons pas du moins terminer cette
étude trop rapide et cette analyse bien incomplète, sans
rendre un dernier hommage à la fermeté de ses principes
et de sa logique, à l'élévations de ses vues, à sa science profonde des théories et des faits, et à son remarquable talent
d'écrivain. Ces qualités de premier ordre font de son grand
ouvrage dont les cinq volumes sont d'une lecture si facile et
si attrayante, un véritable résumé de la philosophie de
l'histoire et l'un des tableaux les plus complets et les plus
brillants qu'on ait tracés du monde antique et du monde
moderne. C'est l'œuvre d'un philosophe et d'un honnête
homme, pour tout dire en un mot : d'un chrétien.

Angers, imprimerie Germain et G. Grassin, rue Saint-Laud. — 1509-84.

9 782329 680149